KIMI NO KARADA GA SHINKARON 5
Copyright©HIROYUKI KURODA / NISUKE SHIMOTANI 1994
Originally published in Japan in 1994 by NOSANGYOSON BUNKA KYOKAI.
Korean translation copyright© 2005 by BadaPublishing Co., Ltd
Korean translation rights arranged through TOHAN CORPORATION, TOKYO and BESTUN KOREA AGENCY, SEOUL.

이 책의 한국어판 저작권은 일본의 토한 코포레이션과 베스툰 코리아 에이전시를 통해
사단법인 농산어촌문화협회와 독점 계약한 바다출판사에 있습니다.
저작권법에 의해 한국 내에서 보호를 받는 저작물이므로 무단전재나 복제, 광전자 매체 수록 등을 금합니다.

차례

1 원숭이와 인간을 잇는 사람 인간의 진화는 이에서 시작됐다! 2~5

2 호모 하빌리스와 호모 에렉투스 도구를 만들고 사냥을 했다 6~9

3 말을 시작한 인간 사람만이 입술을 갖고 있다 10~13

4 토기 만들기와 음식물 조리 불을 발견했다! 14~17

5 새로운 식물을 재배한 인간 농업을 시작했다! 18~21

6 새로운 동물을 만든 인간 가축을 기르기 시작했다! 22~25

7 자연과 더불어 살아야 하는 인간 인간으로서 살아간다는 것 26~29

우주의 역사 속에서 탄생한 사람 30~31

어린이를 위한 진화 이야기 5

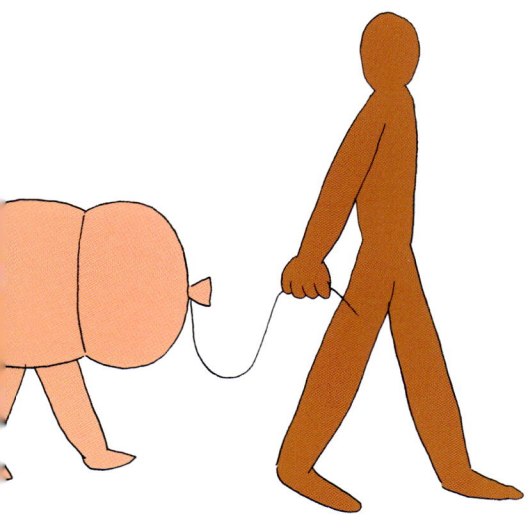

생각하는 사람,
새록새록 세상을 바꾸다!

구로다 히로유키 글·그림 | 시모타니 니스케 그림 | 김영주 옮김   바다어린이

하 하 하…….

제가 누구인지, 아시겠어요?

(이 모양을 보니 금방 알겠는 걸!)

1 인간의 진화는 이에서 시작됐다!

원숭이와 인간을 잇는 사람

원숭이에 가까운가, 사람에 가까운가?

400만 년 전, 지구에는 사람의 선조로 추정되는 오스트랄로피테쿠스[1]가 살고 있었어요. 지금까지 발견된 사람의 화석 중에서 가장 오래된 것이 오스트랄로피테쿠스이지요.

이 오스트랄로피테쿠스의 뼈, 사람과 가장 가까운 종족인 유인원인 침팬지의 뼈 그리고 오늘날의 사람 뼈를 서로 비교해 보기로 해요. 아주 흥미로운 점을 발견할 수 있을 겁니다.

먼저 턱의 모양부터 살펴볼까요? 오스트랄로피테쿠스의 턱은 얼굴에서 앞으로 많이 튀어나와 있어요. 사람보다는 침팬지에 가깝군요. 그럼, 머리 모양은 어떨까요? 이마 부분과 뒤통수가 사람처럼 볼록하지 못합니다. 역시 침팬지와 비슷하네요. 그리고 머리의 뒷부분과 등뼈가 연결되는 부분의 위치도 침팬지와 비슷한 곳에 있군요. 오스트랄로피테쿠스는 오늘날의 사람처럼 몸을 똑바로 세우고 걷지는 못했을 거예요. 몸을 앞으로 조금 구부리고 걸었을 것입니다. 또한 눈의 윗부분이 앞으로 튀어나온 것도 사람보다는 침팬지와 더 비슷하네요.

마지막으로 이를 살펴볼까요? 이 중에서도 특히 송곳니를 봐 주세요. 어떤가요? 침팬지는 송곳니

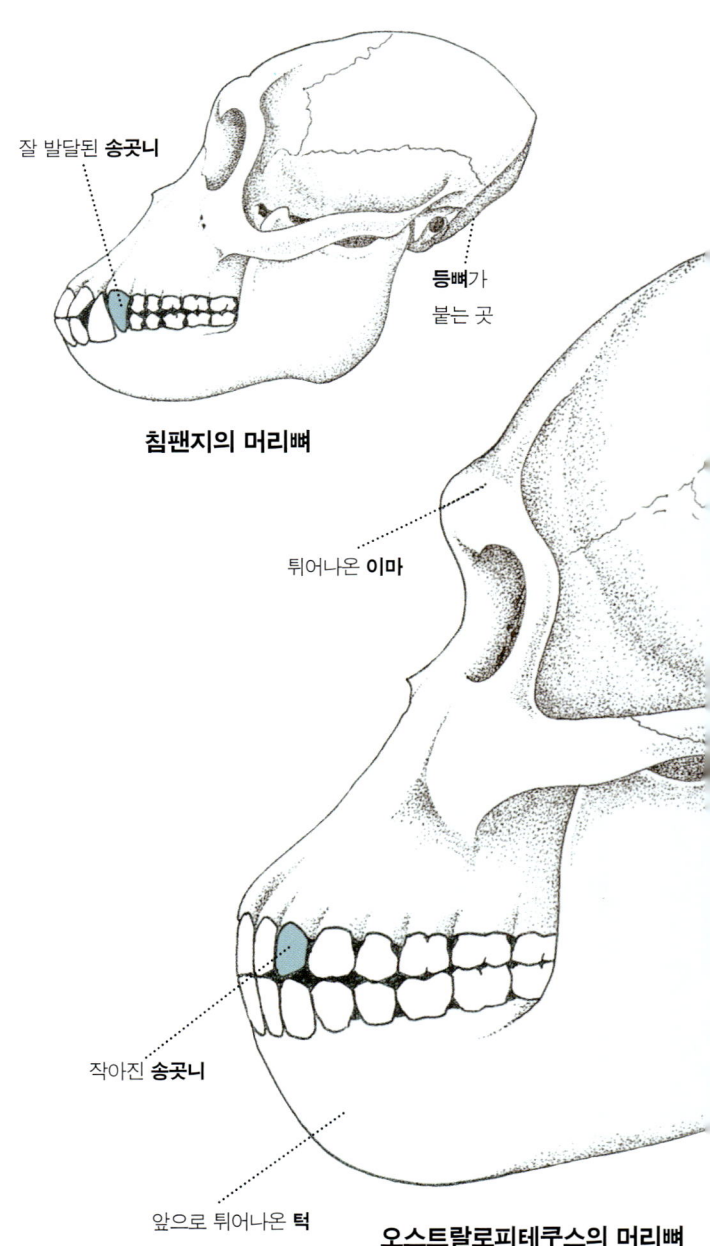

잘 발달된 **송곳니**

등뼈가 붙는 곳

침팬지의 머리뼈

튀어나온 **이마**

작아진 **송곳니**

앞으로 튀어나온 **턱**

오스트랄로피테쿠스의 머리뼈

1 오스트랄로피테쿠스 지금까지 발견된 인간의 화석 중에서 가장 오래된 것으로 1924년에 남아프리카에서 발견되었다. 발견자인 다트 박사가 오스트랄로피테쿠스(남쪽의 원숭이라는 의미)라는 이름을 붙였다(4권 참조).

가 아주 잘 발달해 있는데 비해 오스트랄로피테쿠스는 송곳니가 작은 편입니다. 또 어금니는 오늘날의 사람처럼 잘 발달해 있네요. 사람에 아주 가깝습니다. 아무래도 머리 부분만 놓고 보면 이가 가장 먼저 사람으로 진화를 시작한 것 같군요.

온순한 생물이었던 사람

송곳니가 작고 어금니가 발달했던 오스트랄로피테쿠스는 과연 무엇을 먹고 살았을까요?

물론 오스트랄로피테쿠스가 무엇을 먹고 살았는지 본 사람은 없어요. 하지만 오스트랄로피테쿠스가 음식물을 먹을 때 남긴 이의 자국을 관찰해 보면, 그들이 무엇을 먹고 살았는지 어느 정도 추측할 수 있답니다. 그래서 전자 현미경으로 관찰해 본 결과, 오스트랄로피테쿠스는 주로 수분이 많은 나무나 풀의 열매를 먹고 살았다는 것을 알게 되었지요.

이것으로 우리 인간의 선조들은 주로 과일을 먹고 살았으며, 처음에는 아주 온순한 동물이었다는 추측이 가능합니다.

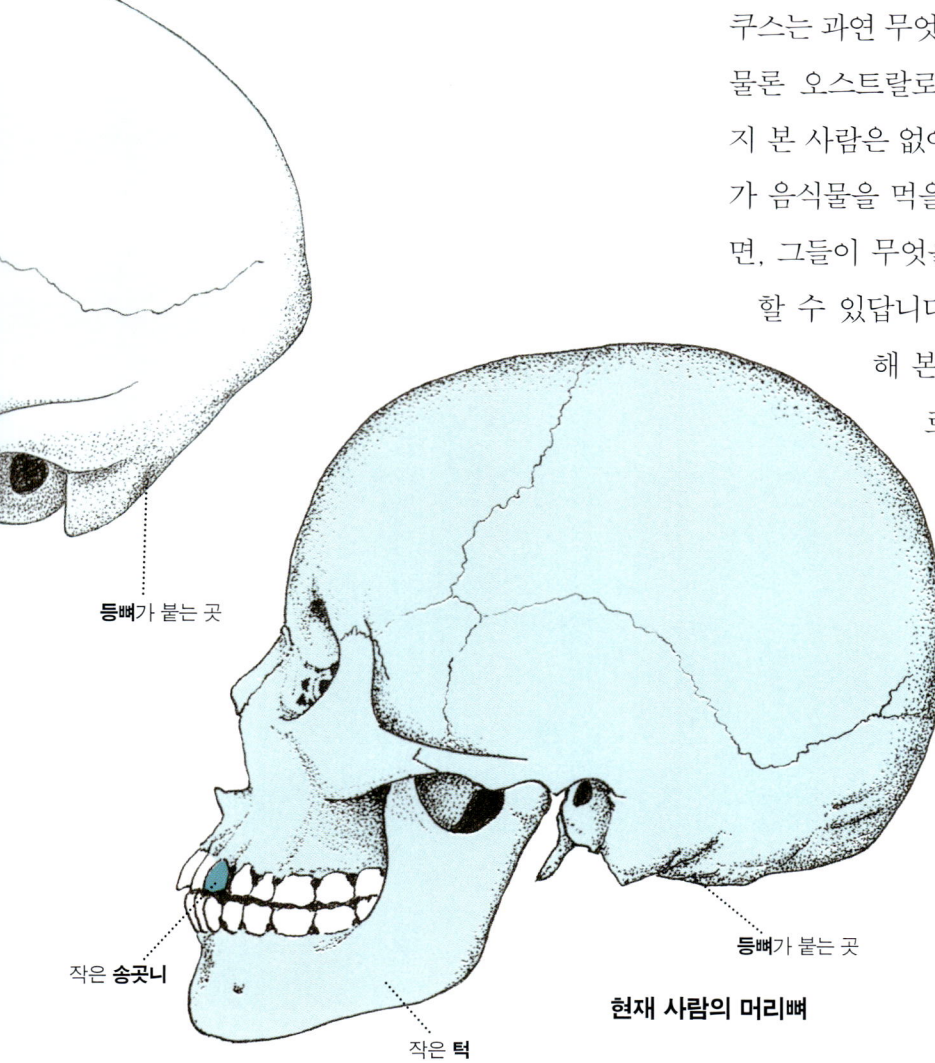

현재 사람의 머리뼈

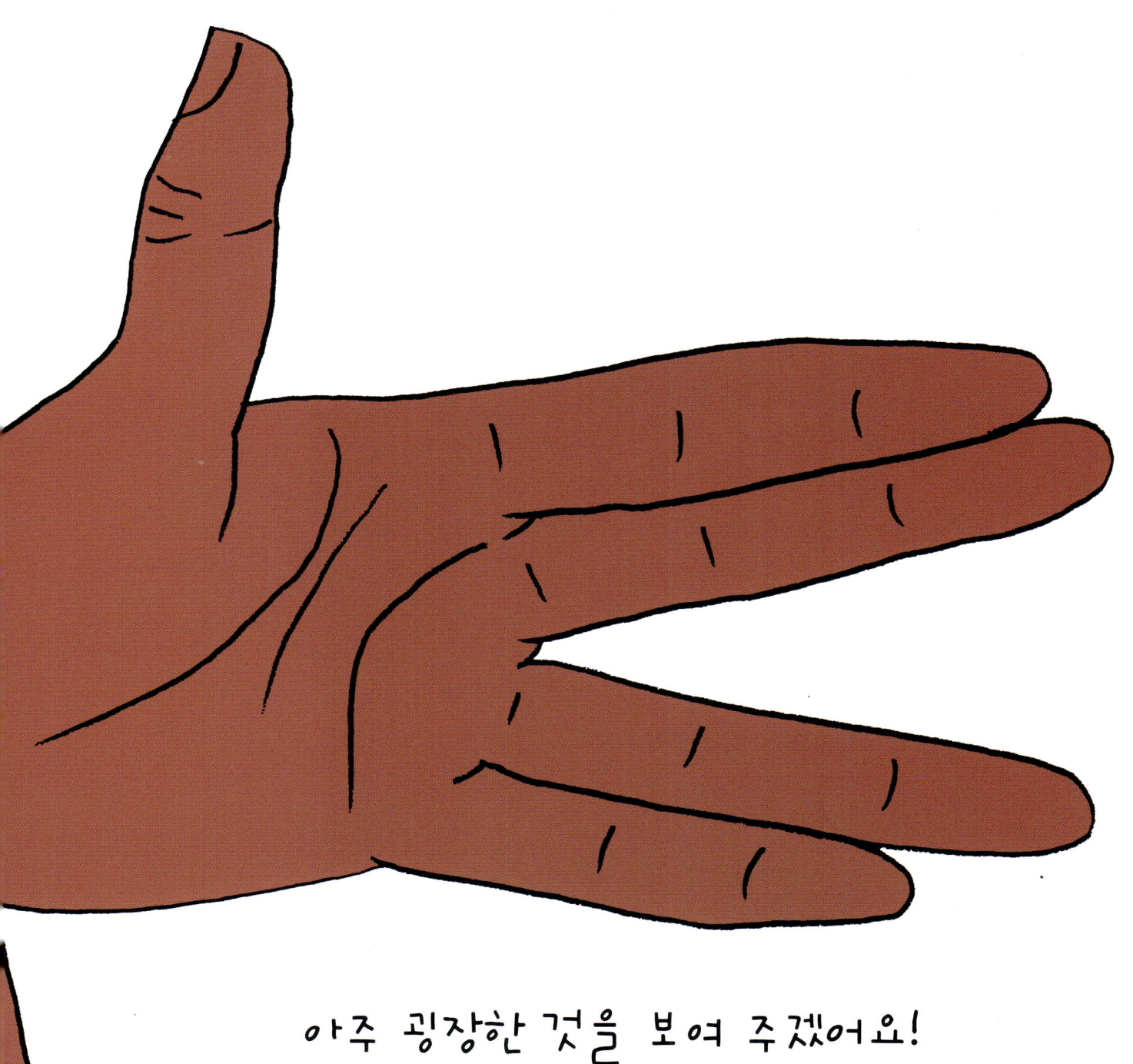

아주 굉장한 것을 보여 주겠어요!
(너무 뽐내는 걸!)

2 호모 하빌리스와 호모 에렉투스
도구를 만들고 사냥을 했다

도구를 만들게 되면서 뇌가 커졌다

사람은 두 발로 서서 걷게 되면서 그 때까지 앞발로 사용하던 손을 다른 용도로 사용할 수 있게 되었어요. 곧 손이 자유로워지면서 도구를 만들고, 차츰 대뇌도 발달해 갔지요. 그러면서 자연 속에서 생활하던 동물적인 인간은 자기 주변의 자연을 재창조할 수 있는 문화적인 인간으로 진화했어요. 오스트랄로피테쿠스에서 조금 더 진화한 사람이 나타났어요. 바로 호모 하빌리스라고 하지요. 호모 하빌리스는 뼈와 돌을 사용해 여러 가지 도구를 만들어 내기 시작했어요. 그러나 이들보다 더 본격적으로 도구를 만들어 냈던 것은 호모 에렉투스였지요.

호모 에렉투스와 오스트랄로피테쿠스의 머리뼈를 비교해 보면, 뇌 부분과 얼굴 부분의 크기가 달라졌다는 점을 발견할 수 있어요. 오스트랄로피테쿠스는 뇌 부분과 얼굴 부분의 크기가 거의 같지만, 호모 에렉투스가 되면서 뇌가 커졌다는 것을 분명하게 알 수 있지요. 호모 에렉투스가 오스트랄로피테쿠스보다 대뇌가 훨씬 발달했던 것이지요. 도구 만들기가 대뇌의 발달을 가져온 거예요. 호모 에렉투스는 손을 자유롭게 움직여 다양한 도구를 만들

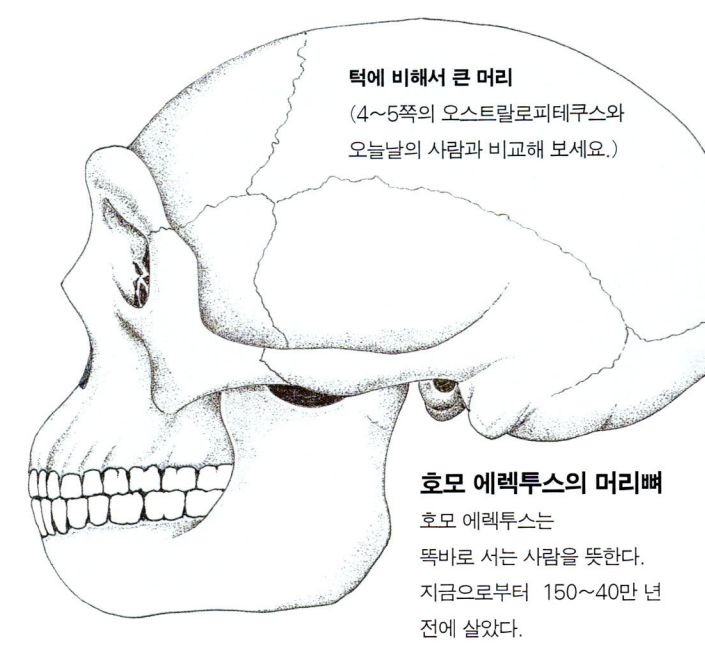

턱에 비해서 큰 머리
(4~5쪽의 오스트랄로피테쿠스와 오늘날의 사람과 비교해 보세요.)

호모 에렉투스의 머리뼈
호모 에렉투스는 똑바로 서는 사람을 뜻한다. 지금으로부터 150~40만 년 전에 살았다.

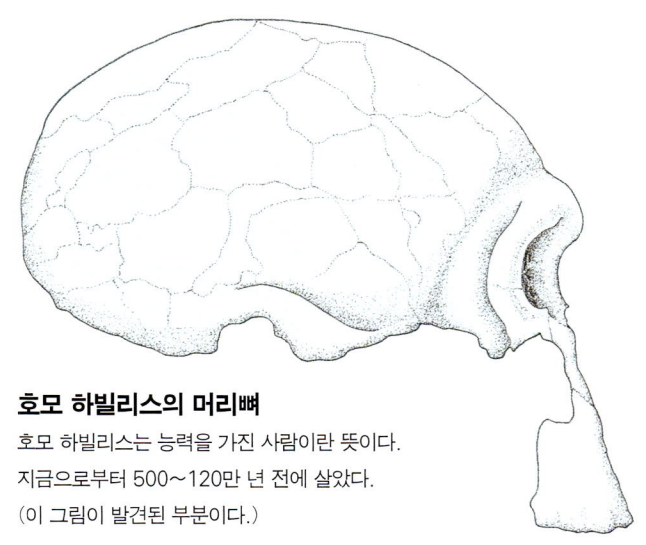

호모 하빌리스의 머리뼈
호모 하빌리스는 능력을 가진 사람이란 뜻이다. 지금으로부터 500~120만 년 전에 살았다.
(이 그림이 발견된 부분이다.)

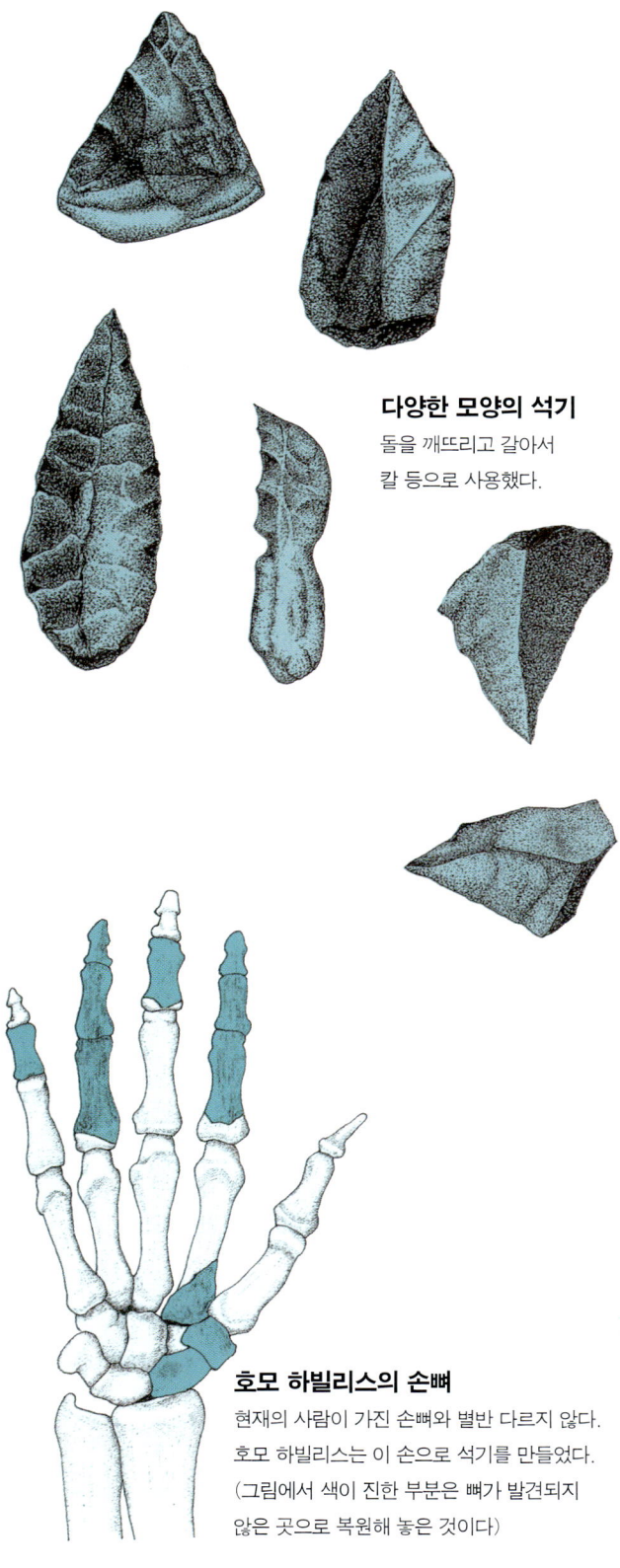

다양한 모양의 석기
돌을 깨뜨리고 갈아서 칼 등으로 사용했다.

호모 하빌리스의 손뼈
현재의 사람이 가진 손뼈와 별반 다르지 않다.
호모 하빌리스는 이 손으로 석기를 만들었다.
(그림에서 색이 진한 부분은 뼈가 발견되지
않은 곳으로 복원해 놓은 것이다)

수 있었던 것입니다. 그리고 도구를 만드는 행위는 결과적으로 대뇌를 한층 더 발달시키는 자극이 된 것이고요.

엄니 대신 사용했던 도구

호모 에렉투스는 머리에서 뇌 부분의 뼈가 눈에 띄게 둥글고 볼록해지고, 턱은 작아졌어요. 여러모로 보아 원숭이보다는 오늘날의 사람 얼굴과 상당히 비슷하지요.

오스트랄로피테쿠스는 주로 초식을 하며 살았지만, 호모 에렉투스는 주로 몸집이 큰 동물을 잡아먹으며 살았어요. 그렇다고 해서 지금의 사람처럼 가축을 잡아먹은 건 아니에요. 여러 명이 힘을 합쳐 야생 동물을 잡고, 나눠 먹으며 살았지요. 물론 호모 에렉투스도 그 당시에는 아직 야생 동물에 속했어요. 하지만, 호모 에렉투스는 사자와 같이 날카로운 엄니(송곳니)나 갈고리 발톱을 갖지 못했지요. 그런데 어떻게 몸집이 큰 생물을 잡아먹고 살 수 있었을까요? 궁금하지 않나요?

그것은 도구 때문이에요. 그들은 칼을 만들어 몸집이 큰 동물의 질긴 피부나 살을 잘라먹을 수 있었거든요. 예컨대, 호모 에렉투스는 도구를 사용해 큰 동물을 넘어뜨리고, 고기를 잘라먹을 수 있는 야생 동물이었던 거예요.

저건 저렇고, 이건 이렇고,
여기가 이렇게 되면 곧 이렇게 될 테니까,
그리고 저건 저렇게 될 것이고,
그렇다면……
(이 봐! 생각만 하지 말고
직접 해 보는 것이 빠르지 않을까?)

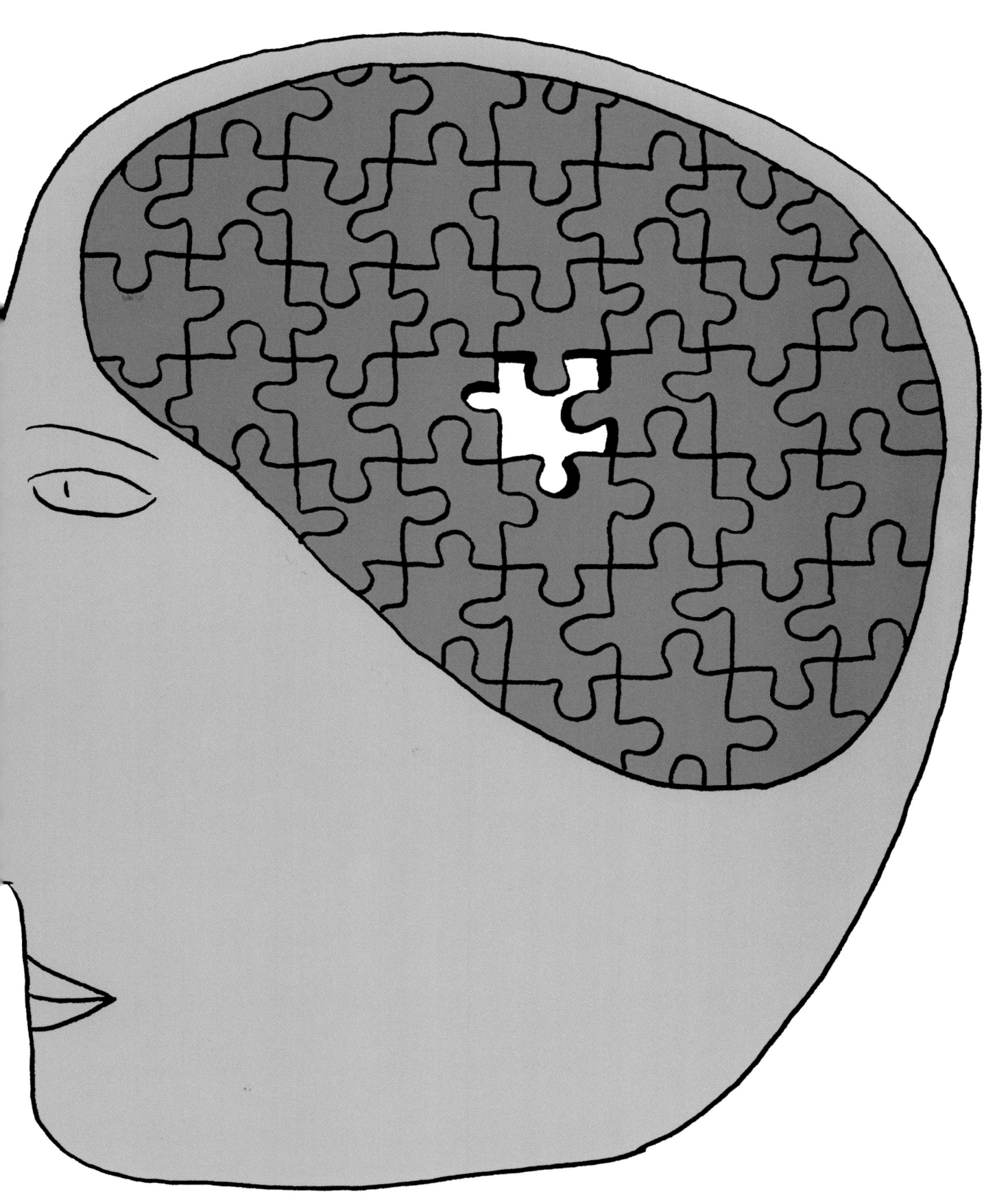

3 사람만이 입술을 갖고 있다
말을 시작한 인간

말과 입술

대뇌로 생각한다는 것은 무슨 뜻일까요? 여러분은 평소에 어떻게 생각하나요? 혹시 사물과 관련된 다양한 이미지를 떠올려 그것을 말로 중얼거리면서 머릿속으로 짜 맞추지는 않는지요? 그럼, 말이 없었다면 사람은 생각할 수 없었을까요?

물론 사람은 말만으로 사물을 생각하는 것은 아니에요. 그러나 말이란 사물을 정리하고, 또 그것을 다른 사람에게 정확하게 전달하는데 매우 중요한 역할을 하지요. 사람은 이 말이라는 도구를 창조해 내서 한층 더 진화할 수 있었답니다.

사람은 말을 하기 위해 독특한 몸의 일부를 만들었어요. 그것이 무엇일까요?

맞아요. 바로 입술이에요. 사람의 입 주위에는 붉은 빛을 띤 입술이 있지요. 입술을 가진 포유류는 사람뿐이에요. 다른 동물들은 물론이고 원숭이에게도 없어요.

또한 턱 끝에 있는 둥그스름하며 볼록한 아래턱(4권 29쪽 참조)도 사람만이 갖고 있습니다. 음식물을 맛있게 요리하여 먹게 된 사람의 턱은 차츰 작아졌지만 말을 하기 위해서는 여러 모양으로 움직여야 했거든요. 그래서 턱 아래쪽에 있는 근육의 일부를

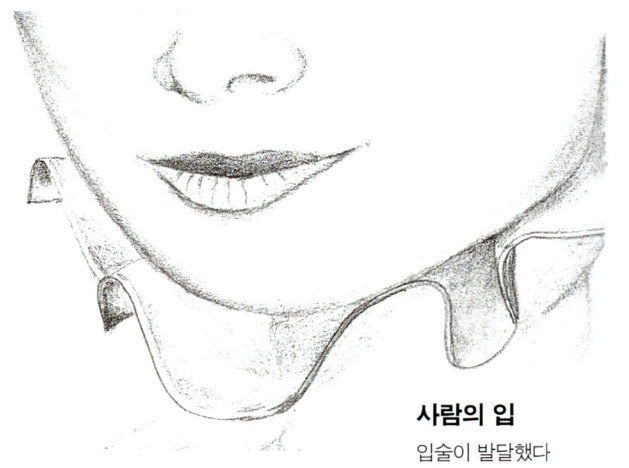

사람의 입
입술이 발달했다

침팬지의 입

사자의 입

확실하게 확보해 두었던 거예요.

문화를 만들어 내다!

사람은 행동할 때, 먼저 머릿속으로 여러 가지를 상상하여 계획한 후에야 실제 행동으로 옮기게 되었어요. 도구를 만들 때도 일단 만드는 법을 머릿속으로 생각한 뒤에 만들었지요. 그리고 말로 다른 사람에게 자신의 생각을 전달하거나, 혹은 다른 사람으로부터 배울 수도 있었어요. 따라서 눈앞에 재료가 없어도 머릿속으로 여러 가지를 생각할 수 있게 되었지요. 사람은 이와 같은 대뇌의 기능과 말을 이용해 문화라는 도구를 만들어 낼 수 있었어요. 문화는 세대에서 세대로 이어져 내려왔고요. 문화를 만들어 낸 대뇌는 여러분의 신체의 일부로 오랜 진화의 역사를 거치면서 만들어진 것이지요.

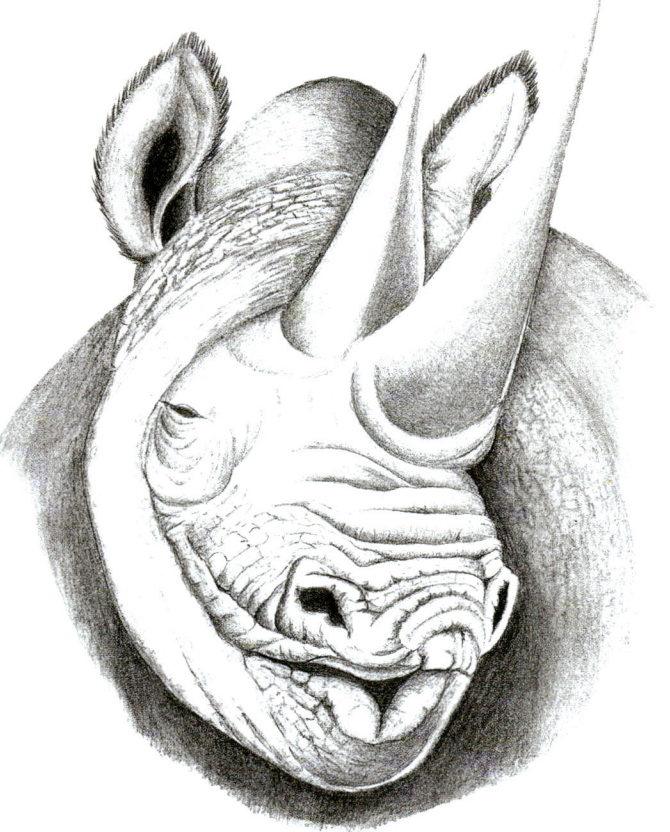

검은코뿔소의 입

우리를 붙잡아 가두었다는 생각을 하며
너무 우쭐대지 마세요!

(제발 부탁인데, 우리 서로 사이좋게 지내자, 응?)

4 불을 발견했다!
토기 만들기와 음식물 조리

불을 사용하는 방법을 발견한 사람

사람이 살아가기 위해서는 도구와 말뿐 아니라 불이 필요했어요. 지금 우리 생활에 불이 없다면 어떨까요? 생활할 수 있을까요? 상상할 수도 없는 일이지요.

불은 사람이 지구상에 등장하기 훨씬 전부터 있었습니다. 혹시 화산이 폭발해 용암이 흘러내리면 그 주변이 온통 불길에 휩싸이는 것을 본 적이 있나요? 그런 경우 모든 생물은 허겁지겁 도망치기 바빴어요. 그런데 그 와중에도 사람은 도망치지만 않고 불을 이용하는 방법을 찾아 냈지요. 불을 이용해 몸을 녹이고 어두운 밤을 환하게 밝힐 수 있는 방법을 깨달았던 거예요.

불을 피워 보자!

마침내 사람은 불을 피우기 위한 도구도 발명했어요. 그림과 같이 평평한 널빤지와 곧게 뻗은 막대기를 사용해 불씨를 일으켰어요.

불씨를 일으키는 방법을 한번 알아볼까요? 먼저 널빤지에 구멍을 파내기 위한 자국을 내요. 그렇게 하기 위해서는 잘 갈고 닦은 석기가 필요하지요.

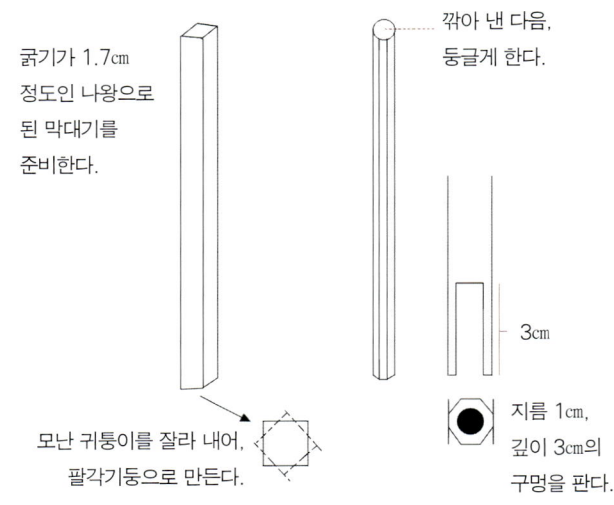

옛날 사람처럼 불을 피워 보자!

굵기가 1.7㎝ 정도인 나왕으로 된 막대기를 준비한다.

깎아 낸 다음, 둥글게 한다.

모난 귀퉁이를 잘라 내어, 팔각기둥으로 만든다.

지름 1㎝, 깊이 3㎝의 구멍을 판다.

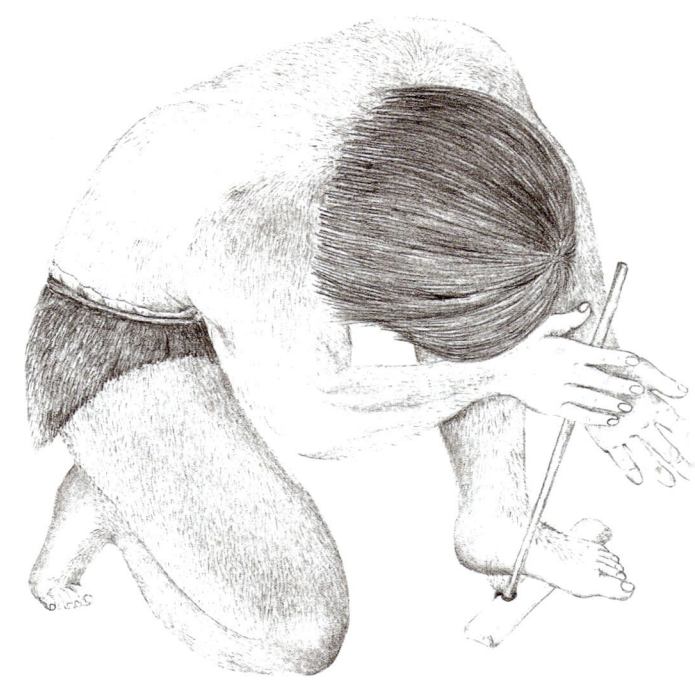

불을 피우는 사람

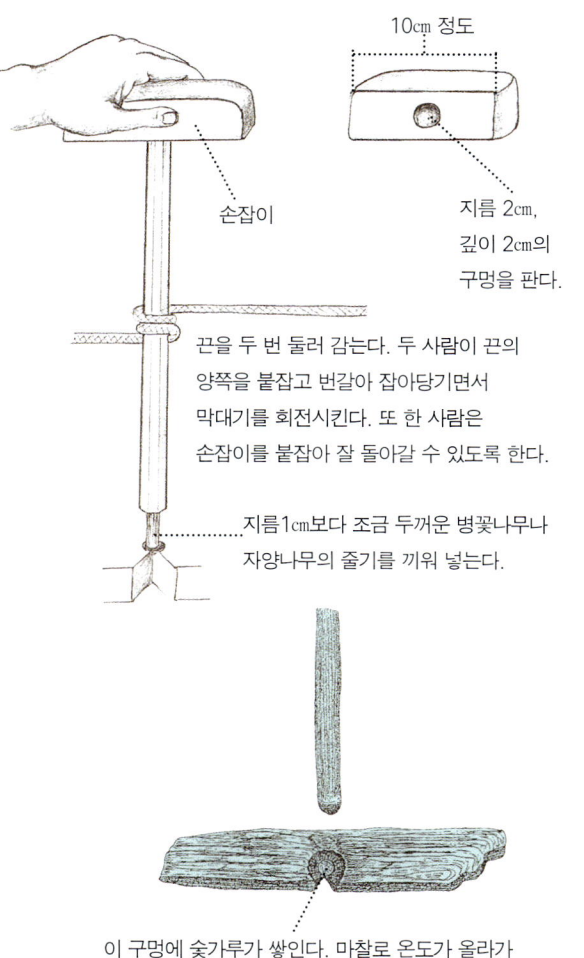

그리고 그 곳에 막대기를 대고 두 손바닥 사이에 끼워 빙글빙글 회전시키면서 잘 비빕니다. 이 때 나무와 나무가 마찰을 일으켜 온도가 높아지면 연기가 피어오르고, 패인 구멍에는 검은 숯가루가 쌓이지요. 거기서 멈추지 않고 계속해서 막대기를 빙글빙글 돌리면, 마침내 그 숯가루에 불이 붙게 된답니다. 옛날 사람들은 이렇게 훌륭하게 불을 붙이는 방법을 발견해 냈을 뿐 아니라, 불을 자유롭게 다룰 수도 있게 되었어요.

불과 토기

사람은 불을 이용해 토기도 만들었어요.

처음에는 그저 점토를 건조시킨 것을 용기로써 사용했지요. 하지만 그런 토기는 물기 있는 음식물을 담을 수가 없었어요. 그래서 사람들은 점토로 모양을 만들고 건조시켜서 불에 굽는 방법을 찾아 냈어요. 불에 구운 토기는 물에 강했지요. 사람의 생활은 토기를 만들게 되면서 또 한 차례 변화해요. 무엇보다도 음식물이 많이 변화했지요.

사람은 과일을 주식으로 하다가 곧바로 육식으로 바꾸었어요. 또한 식물의 씨앗도 먹게 되었어요. 식물의 씨앗은 작고 단단해서 사람들이 먹기에는 적합하지 않았어요. 하지만, 그릇에 담아 가루로 만들고 불에 굽거나 끓여 먹을 수가 있었어요.

불과 토기는 사람의 식생활을 크게 바꾸었지요. 사람은 이렇게 해서 새로운 문화를 하나 더 창조해 낼 수 있었답니다.

불에 구워서 만든 토기

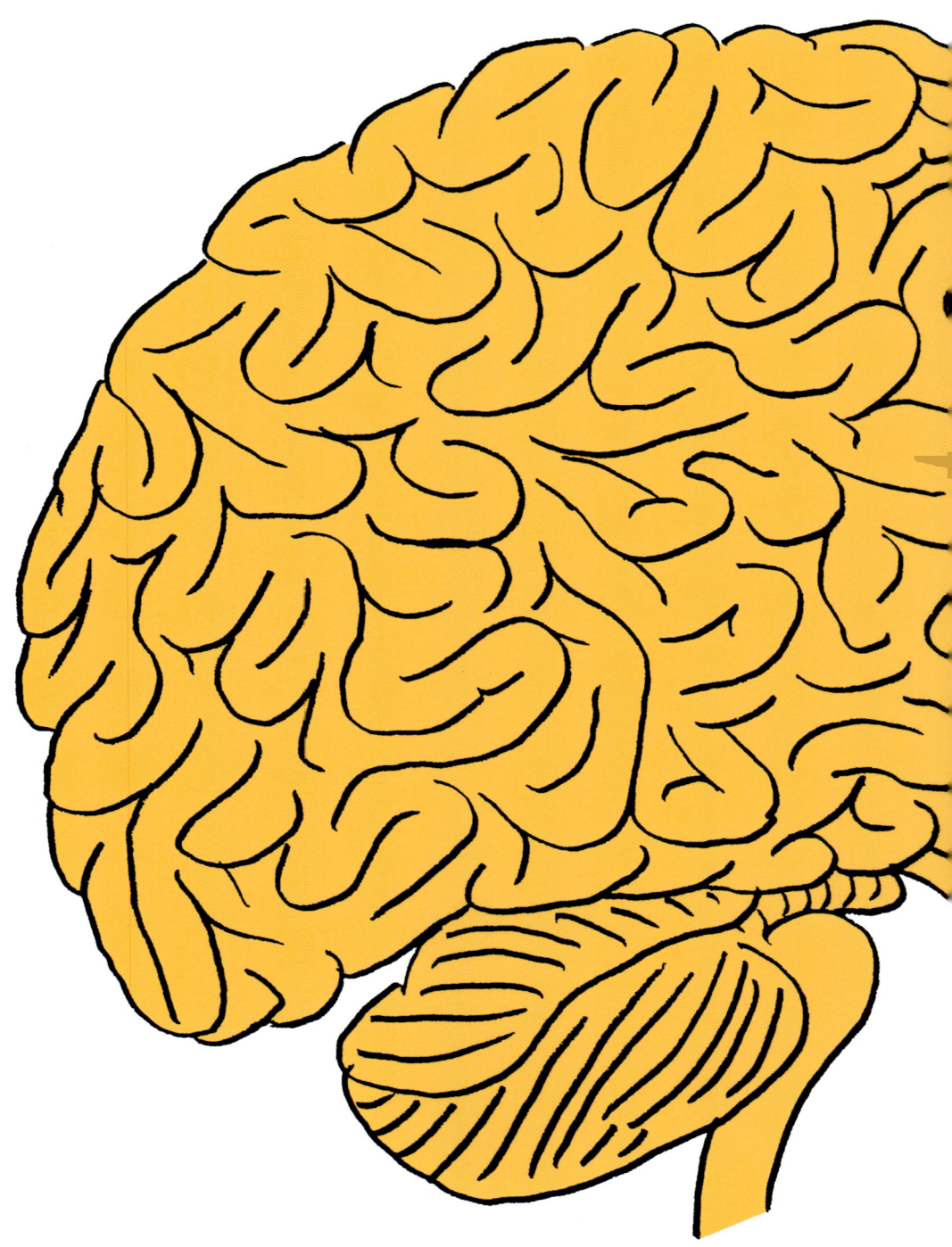

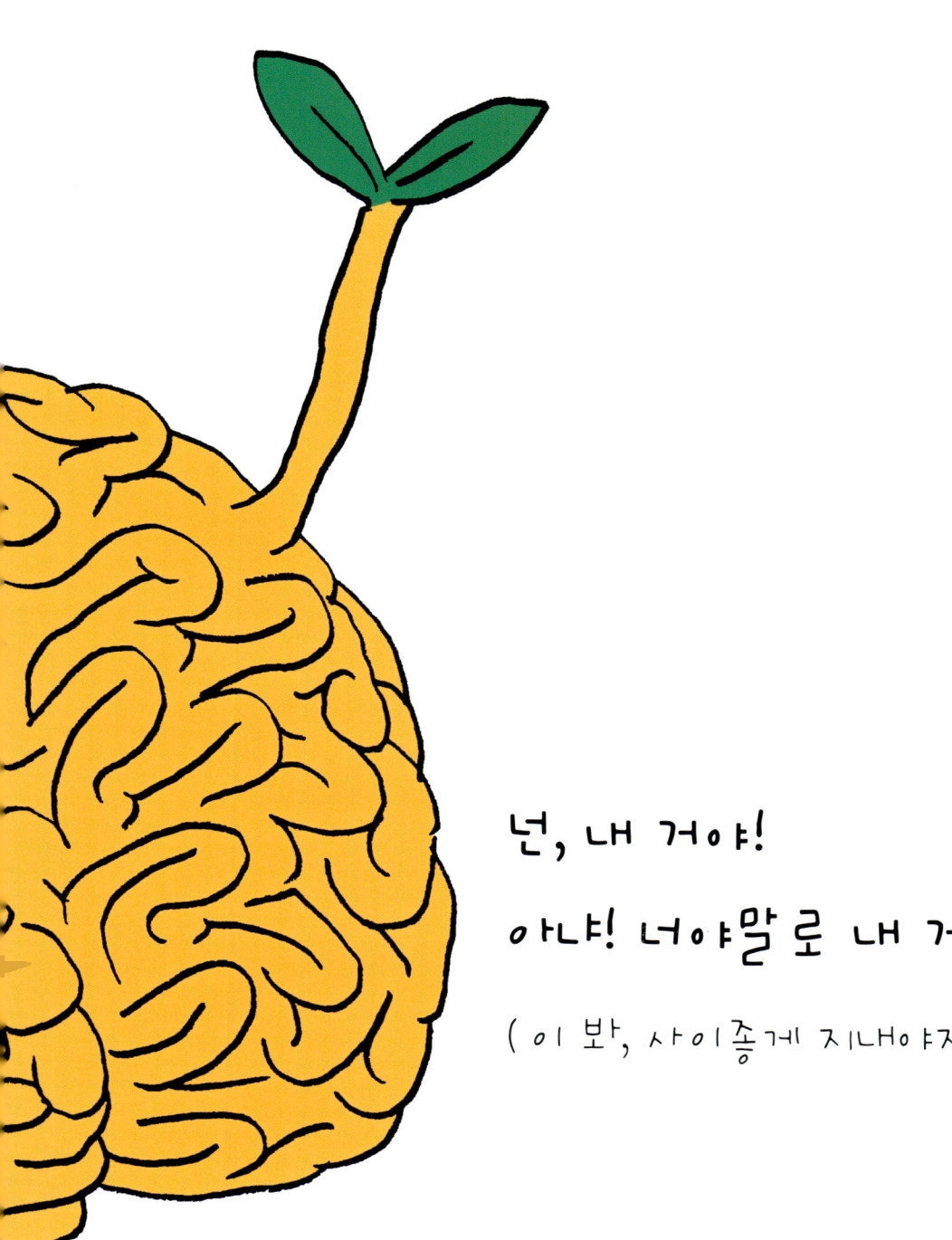

넌, 내 거야!
아냐! 너야말로 내 거야!
(이 봐, 사이좋게 지내야지!)

5 농업을 시작했다!
새로운 식물을 재배한 인간

인간이 자연을 바꾸기 시작하다!

지금까지 우리는 자연에 순응하며 살았던 동물적인 사람이 서서 걷게 되면서부터 주변의 자연을 변화시켜 나갈 수 있는 문화적인 사람으로 진화했다는 것을 말해 왔어요. 또한 말과 대뇌의 활발한 활동으로 인해 새로운 세대로 전달할 수 있는 문화를 창조해 냈다는 것에 대해서도요.

사람은 도구를 만들면서 더욱더 문화를 발전시켜 나갔어요. 또한 도구를 이용해 자연을 조금씩 바꾸어 나갔지요. 사람은 농작물 재배라는 새로운 생활 방식으로 첫걸음을 내딛었어요.

인간이 만든 식물들

여러분은 길가에서 자라는 벼과의 식물, 개밀을 본 적 있나요?

개밀은 첫눈에는 밀과 달라 보여요. 하지만 씨앗을 꺼내 자세히 살펴보면 밀과 굉장히 비슷하다는 것을 알 수 있지요. 사실 우리가 오늘날 먹고 있는 밀은 이 개밀로부터 만들어진 것입니다. 그 밖에도 현재 우리가 먹고 있는 벼(쌀), 밀(빵), 감자, 고구마, 옥수수, 무, 배추, 양배추, 콩(된장이나 두부)과

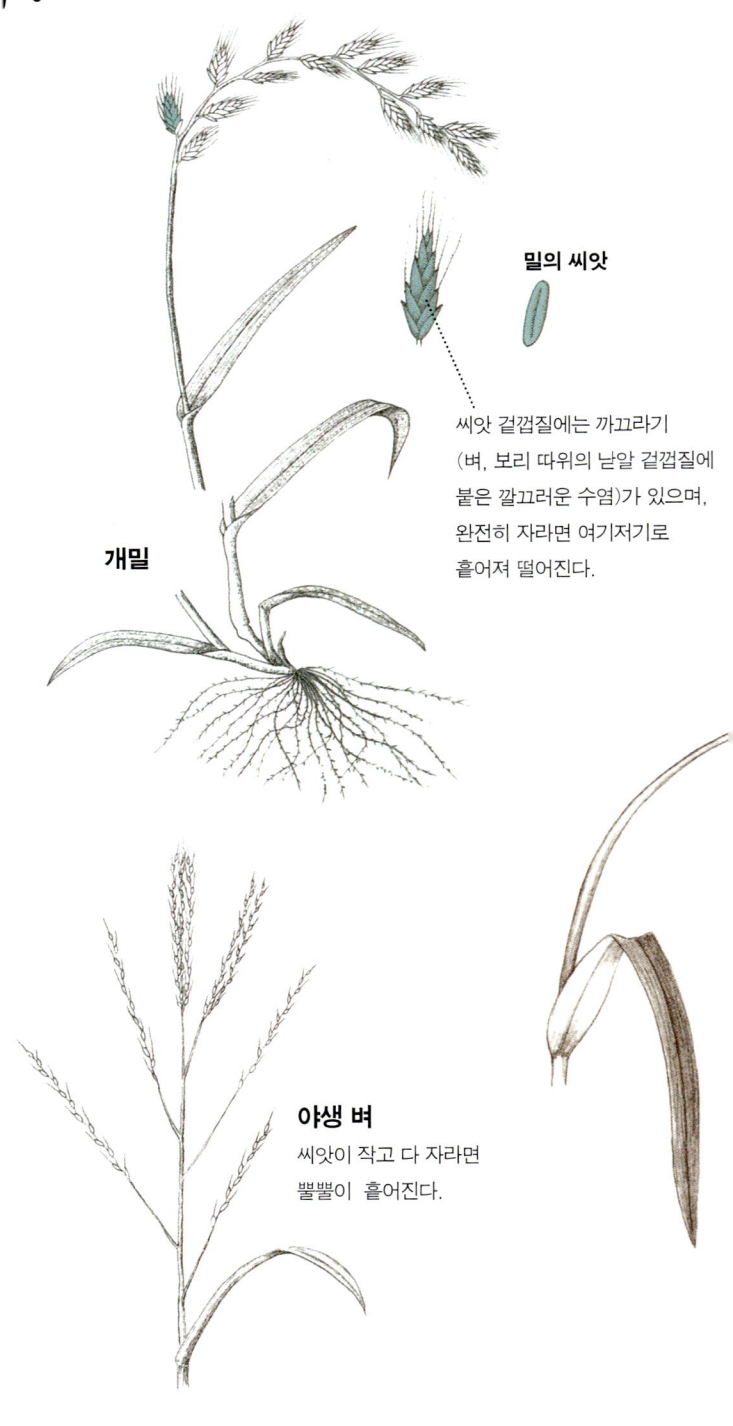

밀의 씨앗

씨앗 겉껍질에는 까끄라기(벼, 보리 따위의 낟알 겉껍질에 붙은 깔끄러운 수염)가 있으며, 완전히 자라면 여기저기로 흩어져 떨어진다.

개밀

야생 벼
씨앗이 작고 다 자라면 뿔뿔이 흩어진다.

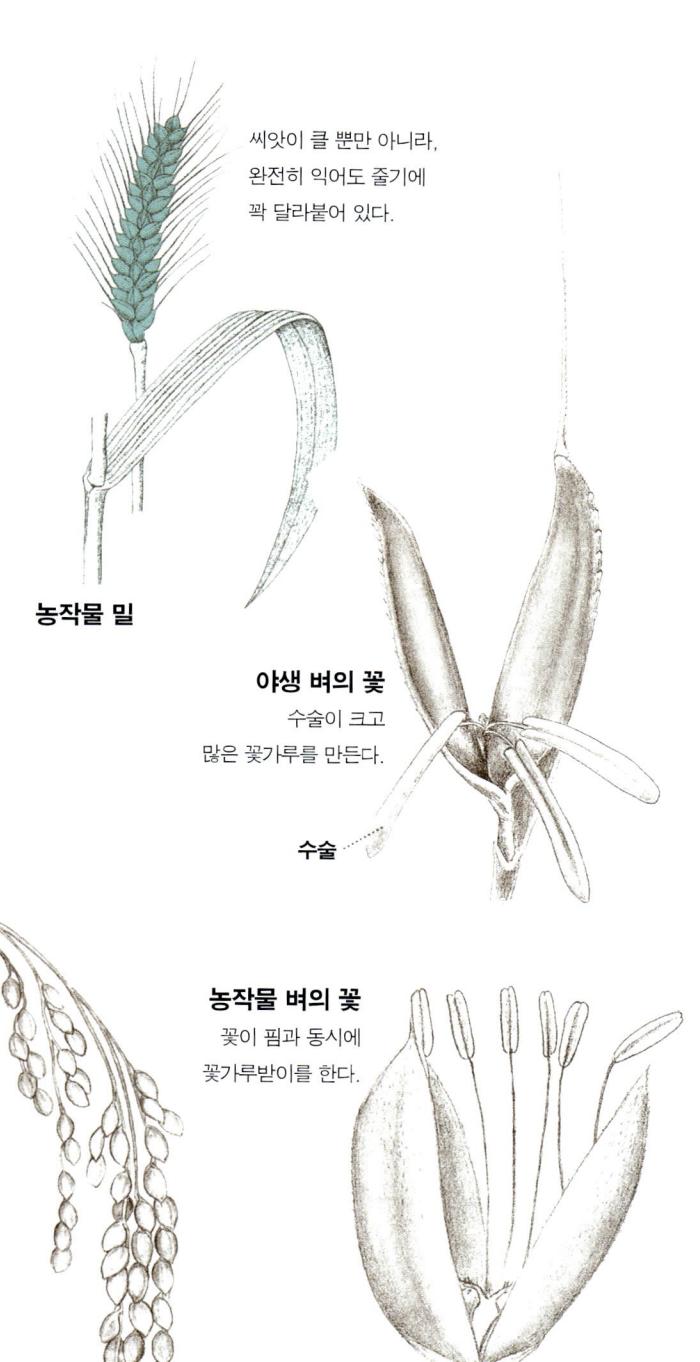

농작물 밀
씨앗이 클 뿐만 아니라, 완전히 익어도 줄기에 꽉 달라붙어 있다.

야생 벼의 꽃
수술이 크고 많은 꽃가루를 만든다.

수술

농작물 벼의 꽃
꽃이 핌과 동시에 꽃가루받이를 한다.

농작물 벼
씨앗이 크고, 많이 달라붙어 있다.

같은 음식물도 모두 자연계에 처음부터 있었던 건 아니에요. 인간이 농작물로 만들어 낸 것들이지요. 밀과 개밀의 씨앗을 비교해 보면, 밀의 씨앗이 조금 더 크다는 사실을 발견할 수 있을 거예요. 영양분이 조금이라도 더 많이 들어 있는 것을 먹기 위해 골라서 재배했기 때문이지요. 더욱 놀라운 사실은, 개밀의 씨앗은 다 자라면 여기저기로 뿔뿔이 흩어지지만, 밀의 씨앗은 다 자라도 흩어지지 않고 붙어 있다는 점이에요. 인간이 밀을 재배하기 시작했던 것은 바로 그 이유 때문이었어요. 씨앗이 많이 필요했던 인간에게는 여기저기 흩어져 있는 씨앗을 주워 모으는 것보다 줄기에 달라붙어 있는 것을 따 모으는 편이 훨씬 편리했으니까요.

야생 식물과 농작물 사이에는 이 밖에도 놀랄 정도로 많은 차이가 있답니다. 그 모든 것은 사람이 쉽게 수확하기 위해 농작물로 변화시켰기 때문이지요.

사람은 오랜 기간 동안 자연의 법칙에 따라 자기 몸을 새로 만드는 일, 곧 진화를 해 왔어요. 또한 오늘날도 사람은 자연을 변화시키면서 새로운 생물의 역사를 창조해 나가고 있답니다.

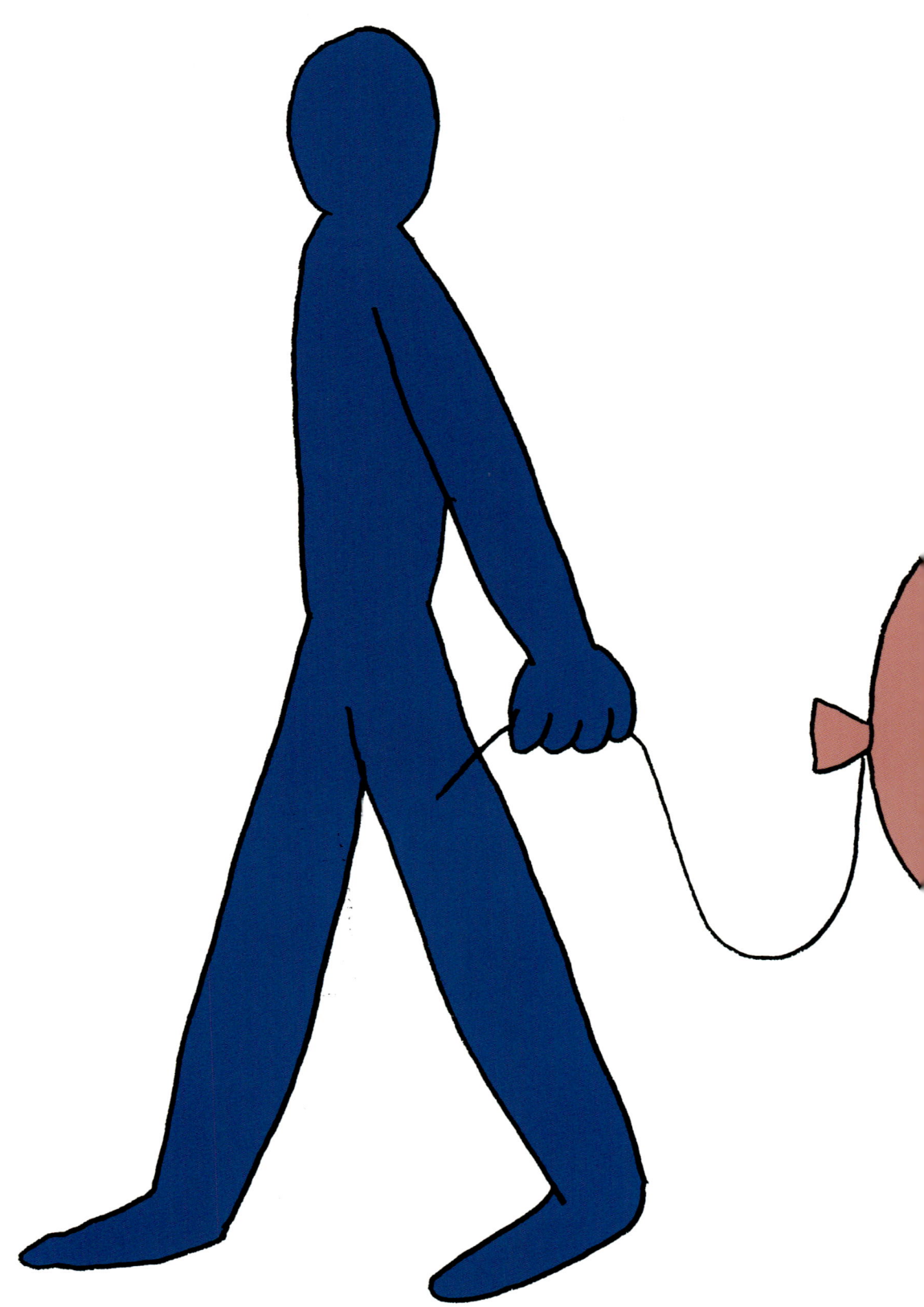

그러고 보니 우리 사이도 꽤 오래된 것 같지요?
그렇군요.
(이제 슬슬 교체해 주지 않을래?)

6 가축을 기르기 시작했다!
새로운 동물을 만든 인간

사람과 멧돼지의 관계

사람은 식물뿐만 아니라 동물까지도 새로 만들어 냈어요.

돼지는 포유류인 야생 멧돼지에서 탄생한 것이에요. 사람은 농작물을 만들어 재배하게 되면서 한 장소에 모여 살게 되었고, 야생 동물들은 사람이 갖고 있는 음식물에 이끌려 모여들게 되었어요. 그 중에 멧돼지도 있었어요. 사람은 그들과 함께 생활하면서 재미있는 사실을 발견하게 되었어요. 멧돼지는 먹이를 주면 잘 따른다는 것이었지요. 그래서 사람은 멧돼지에게 먹이를 주면서 기르는 대신에 크게 자란 멧돼지를 잡아먹는 관계를 형성했어요.

멧돼지가 돼지로, 적색야계가 닭으로

멧돼지는 1년에 한 번 5~10마리의 새끼를 낳아요. 먹이를 많이 주면 그만큼 더 많이 낳고요. 또한 1년 반쯤 지나면 벌써 어른이 되었지요. 더욱이 사람이 먹다 남긴 음식물을 비롯해 무엇이든 잘 먹는 잡식성 동물이었어요. 사람이 길러서 잡아먹을 수 있는 동물로 멧돼지만큼 적합한 생물은 없었지요. 그러나 야생 멧돼지는 입 속에 긴 엄니를 지녔어

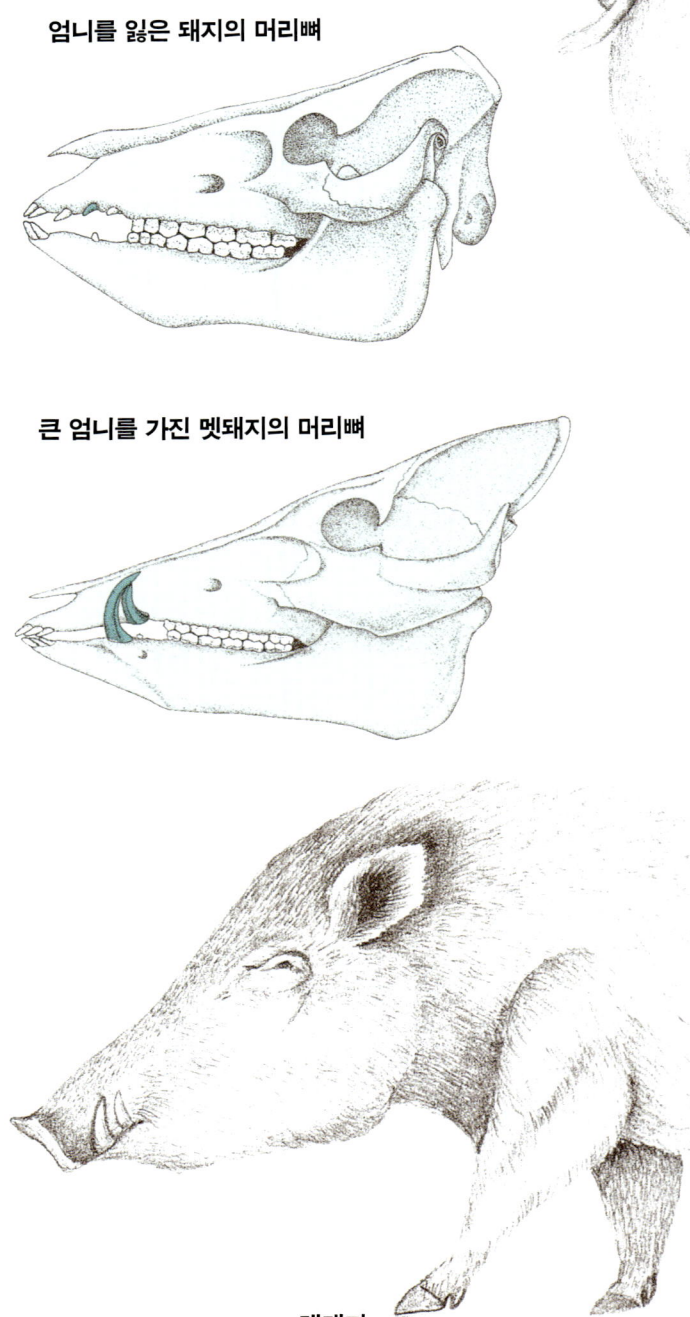

엄니를 잃은 돼지의 머리뼈

큰 엄니를 가진 멧돼지의 머리뼈

멧돼지

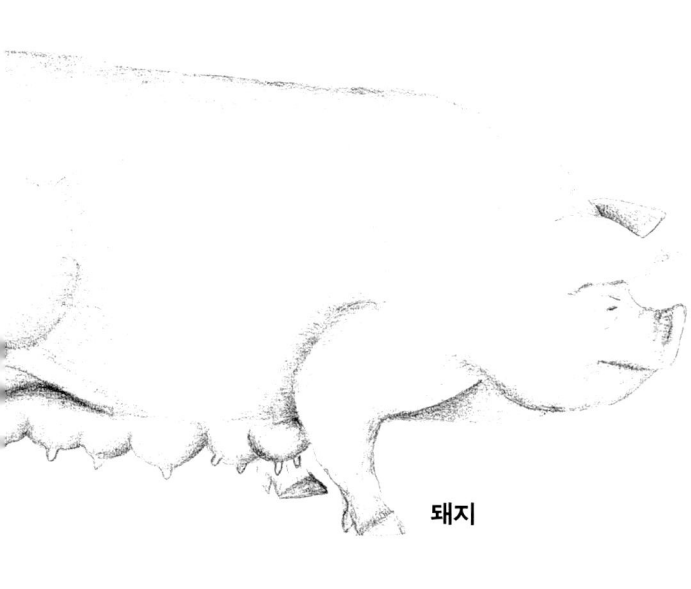

돼지

적색야계

요. 그래서 때때로 자신들을 기르는 사람에게 상처를 입히곤 했지요. 멧돼지의 엄니는 사육하는데 가장 큰 방해물이 되었어요. 그래서 사람은 엄니가 작은 멧돼지만 선택해 사육했어요. 그리고 머지않아 그 멧돼지는 엄니가 없는 돼지로 새로 태어나게 되었답니다.

하지만 사람이 돼지를 기르기 시작한 것은 멧돼지보다 온순했기 때문만은 아니에요. 돼지는 1년에 두 차례나 새끼를 낳는 동물이었기 때문이지요. 그것도 한 번에 10마리 이상씩 낳았어요. 또한 성장 속도도 야생 멧돼지보다 훨씬 빨라서 10개월 정도만 지나면 다시 어른이 되었지요. 또 멧돼지보다 훨씬 많은 고기를 사람에게 제공해 주고요.

이렇게 사람은 자연계에서는 찾아볼 수 없는 돼지라는 새로운 생물을 만들어 냈어요.

우리 주변에서 자주 보는 닭도 사람이 만들어 낸 생물이에요. 동남아시아의 열대림에 사는 적색야계라는 꿩과의 새는 번식기에 10~12개의 알을 낳았어요. 더욱이 뱀 등이 그 알을 잡아먹기라도 하면 그만큼 더 많은 알을 낳았고요. 이러한 습성을 알아차린 사람은 적색야계에게 먹이를 주며 적들로부터 보호해 주는 대신에 알을 얻는 관계를 형성했지요.

적색야계는 사람과 이런 관계를 유지해 나가는 동안에 매일 알을 낳는 닭으로 새로 태어나게 되었답니다.

7 인간으로서 살아간다는 것
자연과 더불어 살아야 하는 인간

사회라는 관계 속에서

야생 동물로서의 사람에서 진화해 온 우리는 지금 문화를 창조하는 사람으로서 살아가고 있습니다. 그런데 인간으로서 살아간다는 것은 대체 무엇을 뜻하는 것일까요?

사람은 다양한 도구와 불을 사용하게 되었어요. 농작물과 가축을 만들어 그것을 재배하고 사육해서 먹는 단계에까지도 이르렀고요. 이런 것은 자연에 순응하며 살았던 동물의 생활 방식과는 완전히 다른 것입니다. 그리고 지금 우리의 생활에는 먹는 것과 바로 관련되지 않더라도 해야 할 다양한 일들이 많이 있어요. 도구와 기계를 만드는 일, 그것을 움직이는 일과 파는 일, 그림을 그리는 일 그리고 병을 고치는 일 등이지요. 그럼에도 불구하고, 누구나 음식물을 먹으며 살아요. 자기가 직접 재배하고, 잡고, 기른 것이 아니더라도 다양한 음식물을 먹으면서요. 음식물뿐만 아니라, 옷과 도구도 모두 마찬가지예요. 오늘날 우리는 서로 알지 못하는 사람들과의 거대한 관계 속에서 살아가고 있는 것이지요. 이 관계를 우리는 사회라고 불러요. 사람은 사회의 일원으로써 살아가고 있는 것이지요. 우리는 그런 생활을 하는 생물입니다.

자연의 역사를 물려받은 사람

그렇다면 사회를 형성해 살게 된 사람에게 이제 더 이상 야생 생물의 세계란 필요 없는 것일까요? 사람은 이제 자연과 함께 사는 생물로서의 사람이 아닌 것일까요? 여러분은 어떻게 생각하나요?

지금 사람은 이 지구상에 존재하는 야생 생물의 세계를 잇달아 파괴하면서 사람에게만 편리하게 개조해 나가고 있어요. 또한 이 세상에는 사람 때문에 말살된 생물도 많이 있고요.

자연은 아주 오랜 역사를 통해 야생 생물의 세계를 조금씩 풍요롭게 만들어 왔지요. 그리고 사람도 그렇게 만들어진 야생 생물의 세계 속에서 형성된 것이에요.

사람은 자연의 역사도 분명하게 물려받고 있어요. 문화적인 사람으로 발전했다고 해도 우리가 동물적인 사람이라는 사실을 절대 포기할 수는 없지요. 또한 사람은 자연을 떠나서는 절대 살아갈 수 없어요. 바로 이것이 야생 생물의 세계를 중시하면서 보존해야 하는 이유입니다. 여러분의 몸 속에 새겨져 있는 진화의 역사, 즉 수많은 생물로부터 물려받은 메시지는 여러분에게 분명히 그것을 말하고 있답니다.

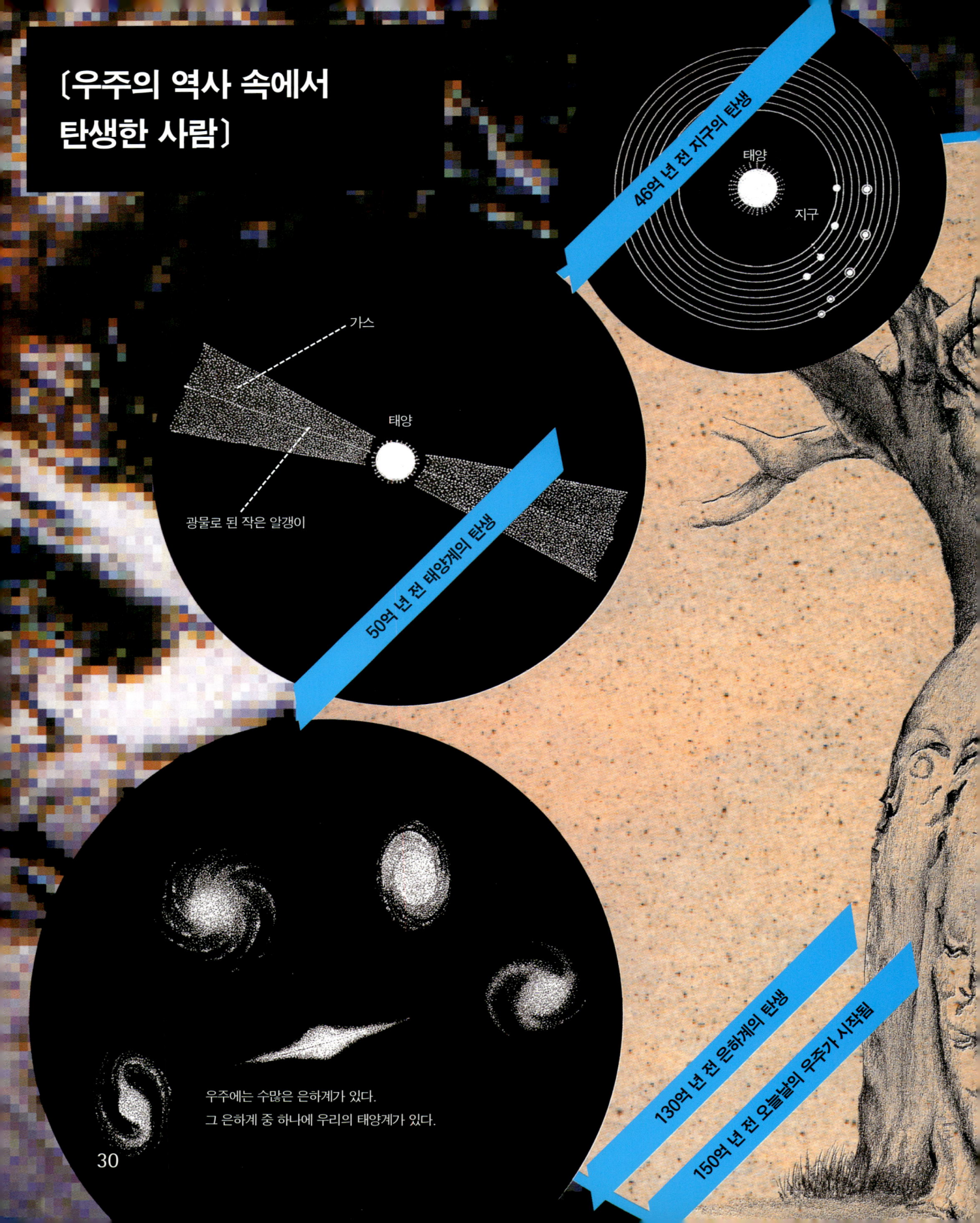

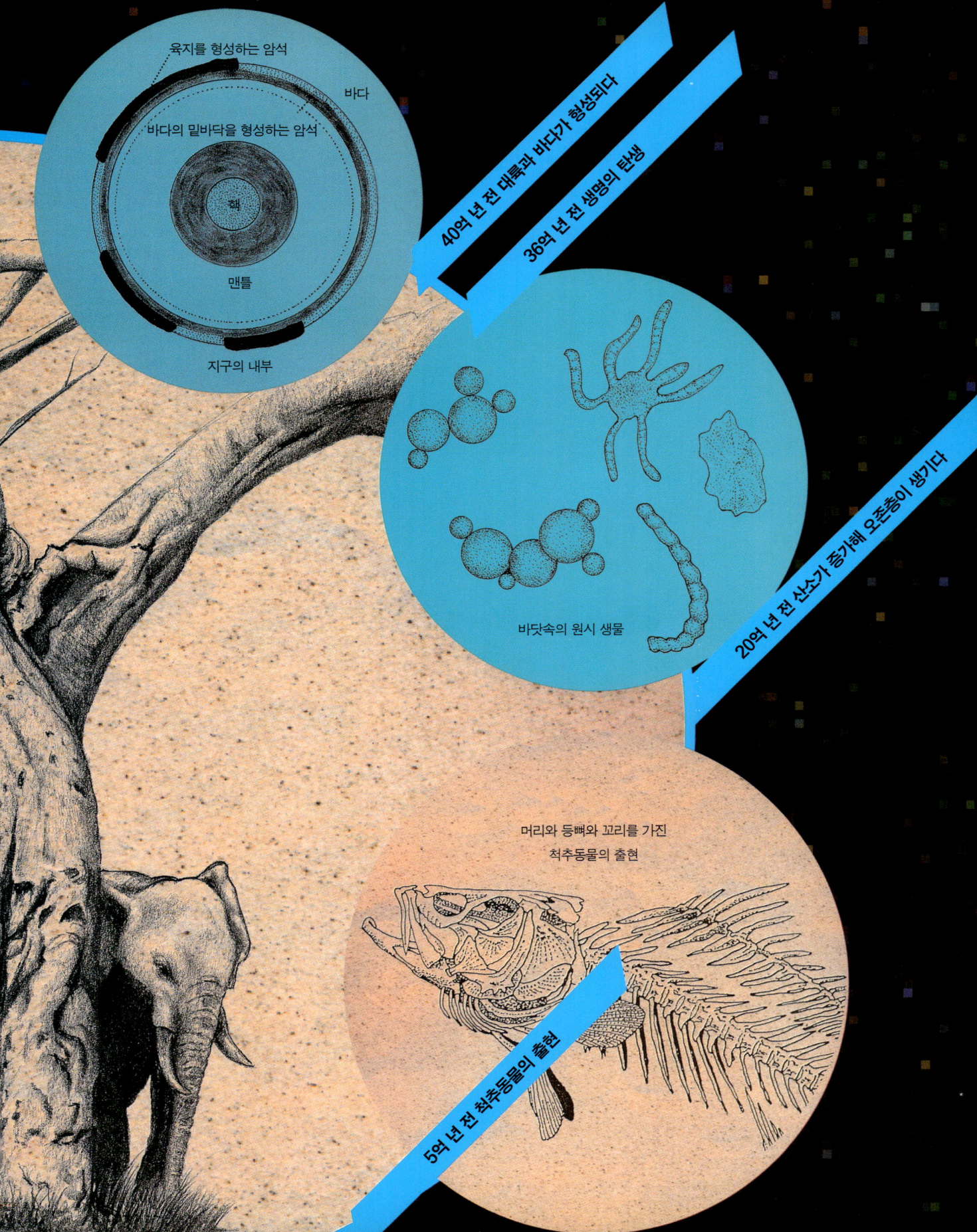

어린이를 위한 진화 이야기

찾아보세요

무악류
무악류의 머리 - 1권 5쪽
칠성장어 - 1권 4쪽
턱이 없는 동물의 소화관 - 1권 25쪽

어류
물고기의 수정 - 1권 28쪽
실러캔스(총기류) - 1권 9쪽
어류의 소화관 - 1권 25쪽
어류의 심장과 아가미 - 2권 13쪽
원시 어류의 귀 - 2권 8쪽
원시 어류의 머리 - 1권 5쪽
총기류의 지느러미뼈 - 1권 12쪽

양서류
양서류의 귀 - 2권 9쪽
양서류의 뇌 - 2권 5쪽
양서류의 소화관 - 1권 25쪽
양서류의 이 - 2권 17쪽
양서류의 폐 - 1권 21쪽
원시 양서류의 앞발(손)뼈 - 1권 12쪽
원시 양서류의 엉덩뼈(골반) - 1권 17쪽
익티오스테가(원시 양서류) - 1권 9쪽
익티오스테가(원시 양서류)의 골격 - 1권 9쪽

파충류
원시 파충류의 앞발(손)뼈 - 1권 13쪽
파충류의 뇌 - 2권 5쪽
파충류의 소화관 - 1권 25쪽
파충류의 심장과 폐 - 2권 13쪽
파충류의 음경 - 1권 29쪽
파충류의 이 - 2권 17쪽
파충류의 폐 - 1권 21쪽

조류
적색야계 - 5권 25쪽
조류의 총배설강 - 2권 25쪽

포유류
갈고리 발톱 - 3권 16쪽
검은코뿔소의 발자국 - 4권 4쪽
검은코뿔소의 입 - 5권 13쪽
기린의 발자국 - 4권 4쪽
돼지 - 5권 25쪽
돼지의 머리뼈 - 5권 24쪽
말의 발가락뼈 - 1권 13쪽
말의 발뼈 - 4권 5쪽
멧돼지 - 5권 25쪽
멧돼지의 머리뼈 - 5권 24쪽
물소의 발자국 - 4권 4쪽
발굽 - 3권 16쪽
사자의 발자국 - 4권 4쪽
사자의 이 - 2권 17쪽
사자의 입 - 5권 13쪽
소의 이 - 2권 17쪽
얼룩말의 발자국 - 4권 4쪽
젖을 먹는 새끼 사자 - 2권 28쪽
젖을 먹는 아프리카코끼리 - 2권 29쪽
치타의 발자국 - 4권 4쪽
코끼리의 교미 - 1권 29쪽
코끼리의 눈 - 3권 4쪽
포유류의 뇌 - 2권 5쪽
포유류의 소화관 - 1권 25쪽
포유류의 심장과 폐 - 2권 13쪽
포유류의 이 - 2권 17쪽
포유류의 폐 - 1권 21쪽
표범의 발자국 - 4권 4쪽
하마의 발자국 - 4권 4쪽
하이에나의 발자국 - 4권 5쪽

영장류
고릴라의 대둔근 - 4권 17쪽
고릴라의 등뼈 - 4권 21쪽
고릴라의 몸통 - 4권 20쪽
고릴라의 엉덩뼈(골반) - 4권 12쪽
원숭이의 꼬리 - 3권 28쪽
원숭이의 넓적다리뼈(대퇴골) - 4권 13쪽
원숭이의 눈 - 3권 5쪽
원숭이의 머리뼈 - 3권 5쪽, 4권 28쪽
원숭이의 발뼈 - 4권 5쪽, 4권 9쪽
원숭이의 손 - 3권 9쪽, 12쪽, 24쪽, 25쪽
원숭이의 손가락 - 3권 9쪽
원숭이의 손바닥 지문 - 3권 12쪽
원숭이의 손톱 - 3권 17쪽
원숭이의 엄지발가락 - 4권 9쪽
원숭이의 이 - 3권 21쪽
원숭이의 턱뼈 - 3권 20쪽
젖을 먹이는 원숭이 - 3권 25쪽
침팬지의 머리뼈 - 5권 4쪽
침팬지의 입 - 5권 12쪽

사람의 몸
사람의 가시돌기 - 4권 21쪽
사람의 골격 - 1권 16쪽
사람의 꼬리뼈(미골) - 3권 29쪽
사람의 귀 - 2권 8쪽
사람의 근육 - 4권 16쪽
사람의 넓적다리뼈(대퇴골) - 4권 13쪽
사람의 뇌 - 2권 4쪽
사람의 눈 - 3권 4쪽
사람의 대둔근 - 4권 17쪽
사람의 등뼈 - 1권 8쪽
사람의 머리뼈 - 1권 4쪽, 3권 5쪽, 4권 29쪽, 5권 5쪽
사람의 몸통 - 4권 20쪽
사람의 발의 장심 - 4권 9쪽
사람의 발자국 - 4권 4쪽
사람의 발뼈 - 4권 5쪽
사람의 소화관 - 1권 24쪽
사람의 손바닥 - 3권 13쪽
사람의 손뼈 - 3권 8쪽, 4권 24쪽
사람의 손톱 - 3권 17쪽
사람의 심장 - 2권 12쪽
사람의 어깨뼈(견갑골) - 4권 24쪽
사람의 엄지발가락뼈 - 4권 8쪽
사람의 엉덩뼈(골반) - 1권 17쪽, 4권 12쪽
사람의 유방 - 2권 28쪽
사람의 유상돌기 - 4권 29쪽
사람의 음경 - 1권 28쪽
사람의 이 - 2권 16쪽, 3권 21쪽
사람의 입 - 5권 12쪽
사람의 태반 - 2권 21쪽
사람의 팔뼈 - 4권 25쪽
사람의 폐 - 1권 20쪽
사람의 호흡 기관 - 1권 20쪽
아기 - 2권 20쪽, 2권 24쪽

사람의 조상
다양한 모양의 석기 - 5권 9쪽
불에 구워서 만든 토기 - 5권 17쪽
불을 피우는 도구 - 5권 16쪽, 17쪽
불을 피우는 사람 - 5권 16쪽
오스트랄로피테쿠스의 골반 - 4권 12쪽
오스트랄로피테쿠스의 머리뼈 - 5권 4쪽
호모 에렉투스의 머리뼈 - 5권 8쪽
호모 하빌리스의 머리뼈 - 5권 8쪽
호모 하빌리스의 손뼈 - 5권 9쪽

식물
개밀 - 5권 20쪽
농장물 밀 - 5권 21쪽
농작물 벼 - 5권 21쪽
농작물 벼의 꽃 - 5권 21쪽
야생 벼 - 5권 20쪽
야생 벼의 꽃 - 5권 21쪽

저자 후기

학부모님과 선생님들께

두 발로 서서 걷기 시작한 사람은 단순한 동물로서의 생활에서 빠져 나와 사회를 형성하는 인간으로서 생존하게 되었습니다.

그런데 인간으로 진화했다고 해서 동물이라는 엄연한 사실에서 벗어날 수는 없겠죠! 우리도 다른 동물과 마찬가지로 음식물을 먹고 영양분을 얻으며, 배변과 배뇨를 하면서 살아갑니다. 다른 포유류와 마찬가지로 자궁에서 태아를 키워 자손을 이어 나갑니다.

하지만 인간은 '생활'이란 것을 만들어 냈습니다. 이 '생활'이 인간을 인간답게 될 수 있도록 해 주고 있는 것입니다. 현재를 살아가는 어린이들은 이 '생활'의 중요한 특징으로 음식을 먹고, 물건을 사는 등의 사실을 열거합니다. 하지만, 좀더 중요한 것이 있는데, 그것을 알기 위해서는 인간의 역사를 더듬어 보아야 합니다.

이 책에서는 어떠한 '생활'이 사람을 동물에서 인간으로 변모시켰는지에 대해 탐구해 보기로 했습니다.

저자 소개

구로다 히로유키(黑田弘行) 글 · 그림
도쿄 가쿠게이(學藝) 대학교 졸업. 초등학교 교사를 거쳐, 아프리카코끼리 국제보호기금(AEF) 본부에서 활동했다.
저서로는 『아프리카의 동물들』, 『몸의 역사』, 『성의 역사』, 『식물의 역사』, 『인간은 어디서 왔을까』, 『풍요로운 자연을 지키자』등이 있다.

시모타니 니스케(下谷二助) 그림
90년 고단샤 출판 문화상 수상.
91년 일본 일러스트레이션 작가상 수상
92년 개인전 '니스케는 무엇을 생각하고 있는가'
93년 쥐 잡는 기계 설계도 전.
세계의 잡화를 수집하기도 한다.
『내 아이 생각을 바꾸는 책 – 환경과 철학(전 5권)』의 그림을 그렸다.

김영주 옮김
이화여대 신문방송학과를 졸업하고 일본 도쿄대학 대학원에서 수학하였으며 현재는 전문 번역가로 활동하고 있다. 그 동안 옮긴 어린이 책으로는『지구가 100센티미터의 공이라면』, 『세 개의 오렌지』, 『바다토끼』등이 있다.

어린이를 위한 진화 이야기 5
생각하는 사람, 새록새록 세상을 바꾸다!

글 쓰고 그린이 구로다 히로유키 | **그린이** 시모타니 니스케 | **옮긴이** 김영주 | **초판 1쇄 발행** 2005년 5월 23일
책임편집 이경미 | **디자인** 이수경·신형애·나유진 | **마케팅** 구본산·노현승 | **펴낸곳** 바다출판사 | **펴낸이** 김인호
출판등록일 1996년 5월 8일 | **등록번호** 제10-1288호
주소 서울시 마포구 서교동 403-21 서홍빌딩 4층 | **전화** 322-3885(편집부), 322-3575(마케팅부), 322-3858(팩스)
E-mail badabooks@dreamwiz.com
ISBN 89-5561-241-9(세트) 89-5561-246-X 74400